Rosen Jahreskalender

Inhalt

Vorwort

Meldungen über Krisen machen täglich die Runde. Stress im Berufsleben, negative Erfahrungen im Privatbereich und krankmachende Belastungen durch die Umwelt sind die häufigsten Ursachen gesundheitlicher Störungen. Wie wichtig ist es da geworden, einen Rückzugsort für die Seele zu haben, einen Platz an dem man durch Selbstbesinnung und Meditation zurückfindet zur inneren Ruhe. An dem man durch die alles erneuernde Kraft der Natur lernt, selber auch wieder neue Kraft zu schöpfen.

Durch Überlieferungen wissen wir, dass es seit Menschengedenken – ja selbst seit Adam und Eva – einen zentralen Punkt in unserer unmittelbaren Umgebung und Erlebnissphäre gibt, der das alles erfüllt: Unser Garten.

Sei es nun der große Garten, der unser Haus umschließt, der kleine Vorgarten oder das Blumenbeet, das unseren Eingang säumt – der Balkon-, Terrassen- oder Zimmergarten, der unsere Wohnung ziert, eines haben sie alle gemein: sie sind der wichtigste Lebensraum, den die Natur für uns bereithält, eine Oase im Alltag, eine eigene ganz private Welt, um durchzuatmen, abzuschalten und mit allen Sinnen zu genießen.

Garten ist der Inbegriff von Lust und Freude – und das bedeutet Glücklichsein. Wer dieses Hobby für sich entdeckt hat und ständig erlebt, welche Freude es bereitet, aufkeimende Saat wachsen zu sehen um am Ende die Früchte seiner Arbeit ernten zu können, hat ihn gefunden, den Weg zum Glücklichsein. Der Ratgeber, den sie hier in Händen halten, ist Teil einer mehrbändigen Reihe einzelner Themen. Er soll ihnen dabei helfen, dieses Glück zu erleben.

Meinem verlegerischen Entschluss, ein solch umfangreiches Kompendium herauszugeben, ging die erklärte Absicht voraus, das sehr weit reichende und umfassende Gebiet der Blumen- und Gartenpraxis in einer Vielzahl von einzelnen Themenbüchern darzubieten. Dem Leser sollte somit die Möglichkeit geboten werden, sich ausschließlich mit den Inhalten befassen zu können, die ihn interessieren und mit denen er sich gezielt auseinandersetzen möchte. Dass dies in einer preiswerten Form möglich sein musste, die gleichzeitig zum Sammeln der Bände motiviert, war für mich eine weitere Maxime.

Ich wünsche ihnen viel Freude an diesem Ratgeber und viel Erfüllung bei der Gartenarbeit,

Ihr

Siegfried Lapawa

Rosen im Januar

Rosenblüten noch im Januar

Bei mildem Wetter bleiben veredelte Rosen – insbesondere Strauch- und Kletterrosen – teilweise bis zum Winter grün. Sie bringen sogar noch vereinzelte Blüten hervor, die dann bei einem Kälteeinbruch im Januar vom Frost überrascht werden. Der Frost entzieht den Blüten Wasser. Sie trocknen aus. Die gefriergetrockneten Rosen bleiben erhalten.

Wildrosen – von Natur aus schön

Edelrosen werden wegen ihrer ungewöhnlich großen Blüten gezüchtet, die sich zudem durch eine lange Blütezeit auszeichnen. Wildrosen wirken weniger auffällig. Sie blühen von Natur aus nur wenige Wochen oder Tage. Aus den Blüten sollen sich Früchte entwickeln. Die bekannteste Wildrose ist wohl die heimische Hundsrose (Rosa canina). Der ungewöhnliche Name hat übrigens nichts mit Hunden zu tun. Vielmehr kommt er von der wörtlichen Übersetzung der botanischen Bezeichnung caninus, was soviel heißt wie hundsgemein. Das weist wiederum auf die häufige Verbreitung dieser Rose hin. Hundsrosen wachsen in vielen Regionen der Erde. Die vitalen Sträucher sind vor allem von Nordamerika bis Asien verbreitet. Zur Ansiedlung tragen Vögel bei, die im Spätwinter ihren Hunger mit Hagebutten stillen. Die Früchte der Hundsrose werden oft lange verschmäht. Erst wenn die Tiere sonst nichts mehr zum Futtern finden, machen sie sich auch über die Rosenfrüchte her. Die Verdauung im Vogelmagen kommt der Vermehrung der Rosensträucher zugute. Sie fördert die Keimfähigkeit der harten Samen. Ohne diese natürliche Behandlung brauchen Hagebutten mehrere Jahre bis sie keimen und Jungpflanzen hervorbringen. Die Aussaat bedarf also einiger Geduld und einer besonderen Behandlung. Die Anzuchtbetriebe helfen nach. Sie befreien die Samen vom Fruchtfleisch und schichten sie in feuchten Sand ein. Die Aussaat erfolgt dann erst ein Jahr nach der so genannten Stratifikation.

Rosa mit Schnee

The Fairy im Winter

Unverzichtbare Unterlage für Edelrosen

Hundsrosen dienen vorwiegend als Veredelungs- Unterlagen für alle Edelrosen-Sorten. Ihr kräftiger Wuchs und das robuste Wurzelwerk haben eine günstige Auswirkung auf den edlen Teil der Pflanzen. Veredelte Edelrosen zeichnen sich – anders als solche, die durch Stecklinge vermehrt wurden – durch eine besondere Frosthärte aus. Jungpflanzen der Hundsrose haben sich auch als Veredelungs-Unterlagen für Rosenstämmchen bewährt, zumal sie kräftige Stämmchen bilden. Die Veredelung erfolgt jedes Jahr im Sommer durch Okulation. Dabei werden den jungen Wildrosen-Sämlingen Knospen von erhaltenswerten Edelrosen eingesetzt. Im Garten sind die veredelten Rosen oft an den Wildtrieben erkennbar, die aus dem Wurzelstock austreiben. Sie sollten gründlich entfernt werden, sonst überwuchern sie den edlen Strauch in wenigen Jahren. Das gilt auch für Sämlinge, die von Singvögeln in den Beeten angesiedelt wurden. Solche Sämlinge lassen sich im Frühjahr oder Herbst ausgraben und beispielsweise als Veredelungs-Unterlagen oder als Heckenpflanzen nutzen.

Starkwüchsige Wildsträucher

Wo Wildrosen erwünscht sind, dürfen sich die vitalen Sträucher ungehindert ausbreiten. An freien Standorten wird ihre ungewöhnliche Wuchskraft erkennbar. Die sonst kleinen oder kleingehaltenen Büsche bilden auf passenden

Böden mehrere Meter hohe Sträucher mit armdicken Ästen. In der Natur kommen sie vorwiegend auf felsigen Berghängen, in Feldrändern oder auf Brachland vor. Hier können ihnen natürliche Feinde oder Flurarbeiten kaum etwas anhaben. Am besten passen der Hundsrose tiefgründige, nährstoffreiche Lehm- oder Lössböden mit guter Wasserführung, obwohl sie auch auf Kalkfelsen, Sandböden oder Heideflächen zurechtkommen. Ein nährstoffreicher, tiefgründiger Boden ist natürlich ebenso für Edelrosen günstig, die ja von Wurzelstöcken der Hundsrose getragen und versorgt werden. Die Hochzeit dieser heimischen Wildrose dauert von Juni bis Juli. Dann bringt sie eine Fülle an rosaroten Blüten hervor. Daraus entwickeln sich während des Sommers die typischen Hagebutten, die je nach Wetter etwa im Oktober reifen. Sie bleiben aber oft bis zum Spätwinter an den Sträuchern, wenn sie nicht für die Küche oder von den hungrigen Drosseln geerntet werden.

Rosa canina

Viele Wildformen

Neben der Hundsrose wachsen in freier Natur noch etliche andere Wildrosen-Arten. Weltweit kommen mehr als 80 Arten vor. Dazu zählen auch Raritäten, die nur in bestimmten Gebieten heimisch sind oder von dort aus verbreitet wurden. Die botanischen Namen weisen bei Rosa arkansana, Rosa californica, Rosa carolina, Rosa chinensis oder Rosa gallica auf die Herkunft hin. Bei einigen Arten ist die Zuordnung nicht ganz eindeutig. So wird beispielsweise die Leder-Rose entweder als eigene Art angesehen (Rosa coriifolia) oder als Unterart der Hundsrose zugeordnet (R. canina ssp. coriifolia).

Rosa canina

Chinesische Goldrose

Rosen im Februar

Rechtzeitig richtig Mulchen

Das Mulchen ist das Abdecken des Bodens mit organischem Material (z. B. Rindenmulch). Diese Art der Bodenpflege macht vergleichsweise wenig Arbeit. Das Mulchmaterial ist kostenlos oder preisgünstig zu bekommen. Es verrottet mit der Zeit und führt wertvolle Humusstoffe als Futter für die Bodenlebewesen zu. Unter Neuanpflanzungen (z. B. Staudenbeeten, Gehölzstreifen oder Rosenbeeten) erleichtert eine dicke Mulchschicht sogar die Pflege, zumal es Unkräuter unterdrückt und die Feuchtigkeit erhält. Auch die Fruchtbarkeit des Bodens verbessert eine Mulchschicht. Das Material verrottet langsam und wird von Bodenlebewesen zu Humus umgewandelt, der wiederum dem Boden zugute kommt. Währenddessen schützt die Mulchdecke im Sommer vor Hitze und Austrocknung und im Winter vor Kahlfrost. Das regelmäßige Mulchen macht besonders sandige Böden humoser und bindiger. Es trägt aber auch zur Lockerung schwerer Böden bei. Gut bewährt hat sich Rindenmulch. Dieses holzige Mulchmaterial, das aus der Rinde von geschälten Bäumen gewonnen wird, dient vor allem zur Abdeckung neuer Pflanzflächen. Eine dicke Schicht hält Unkräuter zurück, solange die Sträucher noch klein sind. Das holzige Material bleibt einige Jahre erhalten. Bis dahin können die Sträucher in Ruhe aufwachsen. Die Mulchschicht erhält derweil auch die Bodenfeuchtigkeit und schützt die Wurzeln vor Austrocknung und Kahlfrost. Die Rinde aus dem Wald wird speziell aufbereitet. Durch die Fermentation entweichen Holzstoffe und Harze, die den Abbau verzögern. Frische Rinde eignet sich nicht

so gut zum Mulchen, zumal viele Pflanzen die Inhaltsstoffe schlecht vertragen. Anders als etwa bei der Düngung, wo nur eine maßvolle Dosierung die erwünschte Wirkung erzielt, darf und soll das Mulchmaterial gut und gerne dick aufgetragen werden. Besonders beim flächigen Mulchen etwa unter frischen Heckenpflanzungen sollte der Boden mindestens 10 cm dick mit der Rindenmulchschicht bedeckt werden. Das sollte rechtzeitig im Frühjahr geschehen. Nur dann hält sie die keimenden Unkräuter zurück. Für solche Flächen lohnt sich die Lieferung loser Ware, die wesentlich billiger zu bekommen ist als Rindenmulch in Foliensäcken. Adressen finden Sie im Brachentelefonbuch. Meistens ist die lose Rindenmulch auch von Gartenbaubetrieben zu bekommen.

Rosen im März

Rosen schneiden

Rosen sind Gehölze. Sie brauchen aber anders als etwa Forsythien, Flieder oder Spiersträucher, die nur gelegentlich ausgelichtet werden, eine Sonderbehandlung. Und zwar unterscheidet man grundsätzlich zwischen Wildrosen und Edelrosen. Wildrosen wie etwa Hundsrosen (Rosa canina) oder Hechtrosen (R. glauca) werden nicht oder möglichst wenig geschnitten. Das gilt auch für so genannte Bodendeckerrosen sowie für wüchsige Strauch- und Kletterrosen. Nur wenn diese Typen spärlich wachsen, lassen sie sich durch den Rückschnitt zu kräftigerem Wuchs und zur Verzweigung anregen. Ansonsten putzt man sie nur aus und schneidet kranke und erfrorene Triebe zurück. Anders als diese recht starkwüchsigen Rosen-Typen brauchen Edelrosen und Beetrosen (T-Hybriden, Floribunda- und Polyantha-Sorten) jedes Jahr im zeitigen Frühjahr, bevor sie neu austreiben, einen kräftigen Rückschnitt. Und zwar werden die schwachwachsenden Sorten mehr zurückgeschnitten als die starkwachsenden. Dadurch bleiben sie vital und blühfähig, denn der Rückschnitt regt sie zur Verzweigung und zur Entwicklung neuer Blütentriebe an. Schon im Frühsommer sind sie wieder buschig und in voller Blüte. Eine Sonderstellung nehmen Hochstammrosen ein. Es kommt darauf an, ob es Kletterrosen oder Edelrosen auf Stämmchen sind. Bei Kletterrosen, so genannten Trauerrosen, werden nur zu dichte Kronen ausgelichtet und lange Triebe eingekürzt. Edelrosen-Stämmchen werden wie Strauchformen kräftig zurückgeschnitten.

Erfrorenes Holz nachschneiden

Wildrose, Schnitt

Kletterrosen nur ausputzen

Anders als Beetrosen, die nur dann wüchsig und blühfähig bleiben, wenn sie jedes Jahr im Spätwinter kräftig zurückgeschnitten werden, brauchen Strauch- und Kletterrosen keinen besonderen Schnitt. Sie werden gewöhnlich nur ein wenig ausgelichtet. Es genügt, die schwachen und kranken Triebe zu entfernen und abweisende oder zu lange Zweige zurückzuschneiden. Ansonsten bleibt der Habitus der Sträucher erhalten. Kräftige Sorten wie etwa die gesunde ‚Sympathie' können übrigens haushohe Büsche bilden. Sie brauchen dazu natürlich eine ausreichende Kletterhilfe.

Topfröslein ausquartieren – keine Zimmerpflanzen!

Die Topfrosen (Rosa chinensis), die jetzt blühend angeboten werden, zählen wie alle Rosen zu den Gehölzen. Sie lassen sich als solche kaum ganzjährig im Haus halten, zumal sie eine kühle Ruhepause brauchen. Normalerweise ist diese in den Wintermonaten. Die erhältlichen Topfrosen werden allerdings vorgetrieben und vorzeitig zur Blüte gebracht. Danach sind sie meistens erschöpft und nicht mehr sehr ansehnlich. Sie erholen sich aber wieder, wenn sie in Ruhe gelassen und den Sommer über etwa auf dem Balkon weiter gepflegt werden. Nach einer geschützten Überwinterung im Haus blühen sie dann im nächsten Frühjahr wieder auf.

Edelrose, Schnitt

Edelrose nach Rückschnitt

Kletterrose vor Schnitt

Kletterrose nach Schnitt

Den Rosen Futter geben

Edelrosen bringen im Vergleich zu anderen Sträuchern eine Menge an Triebzuwachs und eine Fülle an Blüten hervor. Sie sind deshalb um so mehr auf eine reichliche Nährstoffversorgung angewiesen. Bei Nährstoffmangel verkümmern sie mit der Zeit und beginnen schon bald nach der Pflanzung zu vergreisen. Grundsätzlich brauchen alle veredelten Rosen (T-Hybriden, Floribunda-, Polyantharosen etc.) einen tiefgründigen, nährstoffreichen, kalkhaltigen Boden, zumal sie alle auf wilde Hundsrosen (Rosa canina) veredelt sind. Diese Wildrosen kommen von Natur aus häufig auf lehmhaltigen Kalkböden vor. Besonders nach einem starken Rückschnitt ist eine reichliche Nährstoffversorgung etwa mit Kompost oder verrottetem Mist nicht zu vernachlässigen. Eine günstige Zeit für Düngergaben ist im Frühjahr vor dem Austrieb.

Boden gründlich vorbereiten

Das Wachstum der Pflanzen richtet sich nach dem Nährstoff, der im geringsten Maß im Boden vorhanden ist. Dieser alte Lehrsatz für Gärtner gilt natürlich auch für Rosen. Im selben Zusammenhang ist es wichtig, dass der Boden beim Pflanzen gründlich vorbereitet ist. Die vorhandenen Nährstoffe sind für die Wurzeln der Rosen nur zu ergründen, wenn sie ohne Schwierigkeiten in den Boden eindringen können. Insbesondere sind Edelrosen auf einen tiefgründigen Boden angewiesen, damit sie die Nährstoffe und Wasser in tiefen Schichten erschließen können. Es lohnt sich deshalb, die Pflanzlöcher gründlich vorzubereiten. Falls nötig sind Bodenverdichtungen durch Ton- oder Natursteinschichten zu durchbrechen, damit sich die Pflanzen zügig verankern, um dann die natürlichen Nährstoffe und Grundwasservorräte zu erschließen.

Rosen im April

Austrieb nach dem Pinzieren

Rosenstämmchen pinzieren

Den Rosen schadet der Schnitt von Blütentrieben für die Vase nicht. Sie werden dadurch zur Verzweigung und zu buschigem Wuchs angeregt. Allerdings darf der Schnitt nicht zu spät geschehen. Die Gärtner greifen übrigens regelmäßig im Sommer zur Schere, um ihre Rosen gezielt zu „pinzieren". Dabei werden wenigverzweigte Jungpflanzen zu buschigem Wuchs angeregt, damit sich bis zum Herbst „verkaufsfertige Ware" entwickelt. Dieses Einkürzen langer Triebe ist natürlich auch zuhause etwa bei Beetrosen oder ebenso bei Rosenstämmchen in Kübeln möglich. Sie werden einfach jeweils über einer Knospe abgeschnitten. Danach bringen sie aus Seitenknospen, die in Blattachseln sitzen, neue Triebe hervor. Bei rechtzeitigem Schnitt blühen diese noch im selben Jahr. Das Pinzieren muss mit einer guten Nährstoffversorgung einher gehen, damit die Pflanzen genügend Kräfte für eine gesunde Triebeentwicklung haben.

Bibernellrose mit Rosenkäfer

Der Rosenkäfer mag auch Birnen

Im Garten siedeln sich auch seltene Tiere an, wenn sie geeignete Nistplätze und Futterpflanzen finden. Ein besonders schöner Käfer, der Rosenkäfer, sucht vom April bis zum Juni blühende Pflanzen auf, um sich am Nektar zu laben. Zwangsläufig beschränkt er sich nicht auf Rosenblüten, zumal die im April noch geschlossen sind. Zur Stärkung dienen dann auch Obstblüten. Er trägt so auch zur Bestäubung bei.

Kletterpflanzen als freie Büsche ziehen

Kletterrosen, Waldreben, Blauregen und andere Kletterpflanzen brauchen Gerüste, an denen ihre jungen Jahrestriebe Halt finden. Sie verholzen mit der Zeit und bekommen dann eine gewisse Stabilität. Dennoch sind sie weiterhin auf Kletterhilfen angewiesen. In freiem Stand bilden sie kein festes Astwerk, sondern breiten sich flächig am Boden aus oder entwickeln überhängende Büsche. Diese Eigenschaft lässt sich gezielt bei der Gestaltung nutzen. So können Efeupflanzen als Bodendecker dienen oder strauchig wachsende Arten als Büsche in Sommerblumenbeeten zum Einsatz kommen. Die Wuchsform richtet sich nach den Klettergerüsten, die sie erhalten. Dazu dienen einfache Gerüste aus Holzpflöcken oder aus Metallstreben.

Austrieb nach Pinzieren

Austrieb nach Schnitt

Schnitt über einem Blatt

Austrieb nach Schnitt

Strauchrose, am Zaun

Flammentanz, im Beet ohne Kletterhilfe

Rosen im Mai

Auch gefüllte Kartoffelrosenblüten fruchten

Gezüchtete Pflanzen mit gefüllten Blüten fruchten meistens nicht. Anders die Kartoffelrose (Rosa rugosa). Bei dieser Wildrose vermögen auch die gefüllten Sorten Früchte zu entwickeln, so etwa die Sorte ‚Hansa', die gerne zur Straßenrandbegrünung gepflanzt wird, die aber auch im Garten gedeiht. Allerdings muss sie hier eingedämmt werden, weil sie sich sonst stark durch Wurzelausläufer ausbreitet, oder sie bekommt einen sonst unnützen Platz etwa am Hang, wo sie gerne wuchern darf. Kalkhaltigen Boden verträgt die Kartoffelrose jedoch nicht. Hier wird sie leicht chlorotisch und bekommt gelbe Blätter. Am besten passt ihr humoser Sandboden und ein sonniger Ort. Hier blüht und fruchtet sie reich. Die großen Hagebutten sind recht ergiebig und eignen sich für Marmelade und andere Obstprodukte.

Phacelia unter Rosen säen

Edelrosen bekommt eine Mischkultur mit passenden Begleitpflanzen gut. Das können Katzenminzen, Lavendel und andere Kräuter sein oder auch Gründünger wie Phacelia. Diese bedecken den Boden und unterdrücken störende Kräuter, was natürlich die Pflege erleichtert. Sie sehen aber mit ihren graugrünen Blättern und den blauen Blüten auch gut aus. Kräuter werden gepflanzt und ausdauernd kultviert. Gründüngersaaten lassen sich jetzt breitwürfig unter die Rosen einstreuen. Sie keimen in wenigen Tagen und bringen in einigen Wochen reichlich Blattmasse und Blüten hervor. Allerdings bleiben sie nur eine Saison erhalten.

Rosa rugosa Hansa, gefüllte Kartoffelrose

Rosenstämmchen

Stacheln oder Dornen ?

Rosen haben keine Dornen, sondern Stacheln. Dornen sind fest im Holz verwachsene Bewehrungsorgane. Sie lassen sich nicht einfach abbrechen. Versuche etwa beim Rotdorn, Feuerdorn oder Schlehdorn sind jedenfalls nicht empfehlenswert. Stacheln sitzen dagegen nur oberflächlich auf der Rinde. Es genügt ein kleiner seitlicher Druck mit den Fingern, um sie abzubrechen.

Stacheln

Rosen: Stämmchen in Kübeln

Neben anderen Containerpflanzen (Pflanzen in Folienbeuteln oder Töpfen) sind jetzt auch Rosen zu bekommen. Sowohl Buschrosen als auch Rosenstämmchen eignen sich sehr gut als Kübelpflanzen, weil sie den ganzen Sommer hindurch Blüten entwickeln. Sie lassen sich durchaus mehrjährig halten, wenn sie im Sommer gut mit Wasser und Dünger versorgt und im Winter kühl und hell einquartiert werden. Das ist z.B. in einem unbeheizten Gewächshaus möglich oder einem kühlen Wintergarten.

Wildtrieb entfernen

Rosen abwildern

Edelrosen werden im Sommer auf Wildrosen veredelt. Das geschieht jeweils durch das Einsetzen einer Knospe in eine vorbereitete Unterlage. Als Unterlagen dienen ausgewählte Sämlinge der Hundsrose (Rosa canina), die ja sehr robust und kräftig ist. Diese guten Eigenschaften wirken sich dann insgesamt auf die veredelten Pflanzen. So verbessern sie die Frosthärte und die Vitalität der Rosenbüsche. Allerdings kommt es auch immer wieder vor, dass die Unterlagen Wildtriebe hervorbringen. Diese entwickeln sich kräftig und unterdrücken die Veredelung, wenn sie nicht unverzüglich entfernt werden. Während der Rosenpflege im Sommer sind solche Wildtriebe aus dem Wurzelstock zu beachten. Sie unterscheiden sich deutlich von edlen Trieben durch die typischen kleinen Blätter und den kräftigen Wuchs. Wichtig ist, dass sie möglichst gründlich abgetrennt werden, sonst treiben sie immer wieder aus.

Phacelia, Bienenfreund

Rosen im Juni

Zum Garten der Sinne gehört der Duft

Die Auswahl passender Pflanzen für den eigenen Garten sollte nicht auf das Erscheinungsbild beschränkt bleiben, sondern auch andere Eigenschaften berücksichtigen. So bieten viele Gartenpflanzen nicht nur für das Auge, sondern auch für die Nase etwas. Besonders bei Rosen, Ziersträuchern und Stauden lohnt es sich, vor der Auswahl die Schauanlagen der Gartencenter oder auch öffentliche Sichtungsgärten zu einer Schnupperpartie zu besuchen. Mit Hilfe der Etiketten sind dann eine gezielte Auswahl und der Einkauf oder die Bestellung bestimmter Sorten für den eigenen Garten möglich. Nicht zu kurz kommen sollten bei der Pflanzung verschiedene Kräuter, die ideale Begleitpflanzen etwa im Rosenbeet oder neben Stauden und unter Gehölzen darstellen. Sie lassen sich natürlich auch für Duftsträuße und Trockengestecke im Haus nutzen.

Duftrose

Blüten in Schale

Blüten im Wasserbecken

Seerosen sind auch auf dem Balkon willkommene Schmuckstücke. Sie blühen allerdings nicht immer und brauchen Pflege. Dennoch kann man an jedem Ort jederzeit "Seerosen" schwimmen lassen. Frische Edelrosenblüten bleiben auf dem Wasser – ebenso wie in der Vase – viele Tage frisch. Statt der Rosen eignen sich natürlich auch andere Blüten zur Dekoration.

Rosen veredeln ist ganz einfach

Im Juli ist die Veredelungszeit für Rosen. Jetzt lässt sich die Rinde gut vom Holz lösen, so dass die Edelaugen eingeschoben werden können. Das geschieht folgendermaßen: Eine junge Wildrose wird am Wurzelhals mit einem Tuch gesäubert und für die Okulation vorbereitet. Für diese Veredelungstechnik wird zudem ein Edelreis, also ein junger Trieb von einer erhaltenswerten Rosensorte gebraucht. Diesen kann man unmittelbar vor dem Veredeln schneiden (z.B. von einer guten Gartenrose). Er wird entblättert und entdornt. Anders als beim Pfropfen genügt ein Auge davon (eine Knospe mit einem Rindeanteil). Es wird mit einem scharfen Messer flach vom Trieb abgetrennt und sogleich in die Wildrose – die sogenannte Unterlage – eingesetzt. Dazu wird bei dieser die Rinde an der vorbereiteten Veredelungsstelle T-förmig eingeschnitten. Mit dem Messerrücken oder einem Rindenlöser lassen sich dann die beiden Rindenlappen lösen, so dass das Edelauge eingeschoben werden kann. Sobald es richtig sitzt, wird die Veredelungsstelle noch mit Spezialverschlüssen oder aber mit Bast und Baumwachs verschlossen. Wenn alles richtig gemacht wurde, bestehen sehr gute Anwachschancen. Dennoch setzt man pro Unterlage zwei Augen ein, damit sich mehrere Triebe entwickeln und buschige Pflanzen bilden. Ebenso wird übrigens auch Obst veredelt. "Probieren geht über Studieren" oder "Übung macht den Meister" gilt besonders beim Veredeln! Zum Üben eignen sich auch Weidentriebe, bevor es richtig ans Werk bzw. an die wenigen Wildrosenjungpflanzen geht. Diese sind z.B. in Baumschulen zu bekommen. Sie können natürlich dort auch im Auftrag veredeln lassen, wenn sie beispielsweise alte Rosen-Sorten aus dem eigenen Garten vermehren möchten.

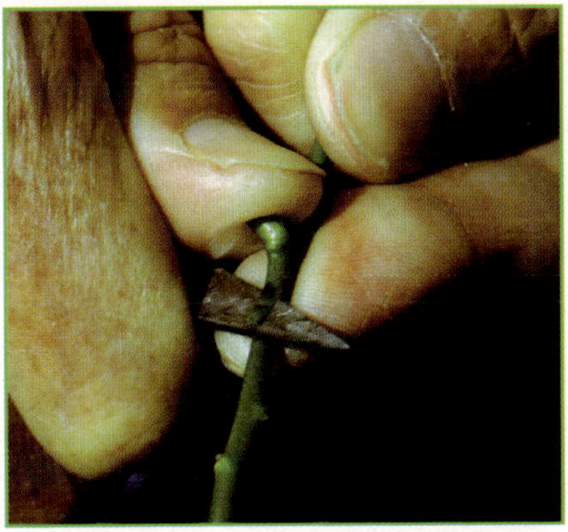

Auge schneiden

Auge ablösen

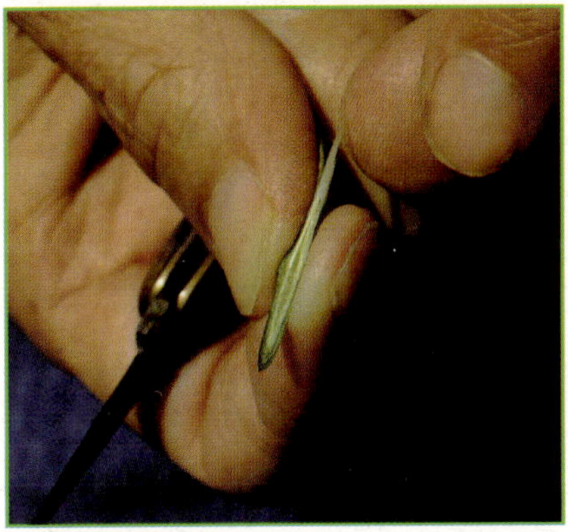

Auge nach Schnitt

Hölzchen auslösen

Einschnitt in die Unterlage

Schnitt in die Unterlage

Rinde ablösen

Auge einschieben

Rindenzunge abschneiden

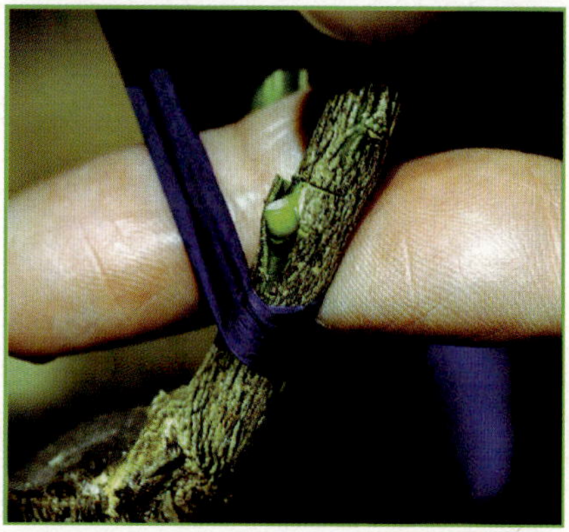

Verbinden mit Bast

Verbinden mit Bast

Zwei Veredelungen

Mulchen mit Grasschnitt

Im Sommer fällt eine Menge Schnittgut beim Rasenmähen an. Dieses nährstoffreiche Material eignet sich zum Kompostieren oder auch zum Mulchen in den Beeten. Im Komposter sollte der Rasenschnitt nur in dünnen Schichten aufgetragen und gut mit anderen Stoffen durchmischt werden. Dicke Grasschichten faulen leicht und verursachen üble Gerüche. Fauliges Gras riecht wie Hasenmist. Als Mulchmaterial auf den Beeten darf das Gras gerne in dicken Schichten verteilt werden. Hier verrottet das weiche Material recht schnell. Bis dahin schützt es den Boden und bewahrt die Baodenfeuchtigkeit. Während der Verrottung werden die Gräser in wertvollen Humus umgewandelt. Natürlich dürfen keine samentragenden Gräser zum Mulchen dienen. Im Rasen kommen die Gräser durch den regelmäßigen Schnitt aber ohnehin nicht zur Samenreife.

Edelrosen trocknen und präparieren

Von der Fülle an Blütenpflanzen, die im Sommer den Garten prägt, kann ein kleiner Teil erhalten bleiben. Ausgewählte Einzelstücke oder kleine Sträuße lassen sich mit einfachen Mitteln haltbar machen. Das Trockenblumensortiment ist sehr vielfältig. Es müssen nicht immer nur die bekannten Pflanzen, z. B. die gelbe Schafgarbe, der Strandflieder, die Strohblume und das Schleierkraut als Trockenblumen verwendet werden. Auch viele andere Blüten, die häufig in bunten Sommersträußen zu sehen sind, eignen sich zum Trocknen. Weniger bekannt sind die Blüten vom Frauenmantel, einjährigen Rittersporn oder der Königskerze. Und sogar Edelrosen lassen sich durch verschiedene Konservierungsmethoden haltbar machen.

> **TIPP**
>
> *Achten Sie bei der Gartenpflege auf Rosensämlinge. Wildrosen gehen immer wieder im Rasen, in den Beeten oder in Hecken auf. Diese Jungpflanzen sind als Veredelungsunterlagen brauchbar. Dazu werden sie im Frühjahr oder Herbst ausgegraben und an eine ungestörte Stelle gepflanzt. Hier dienen sie dann zum Veredeln, sobald sie kräftig genug sind.*

Blütenstände trocknen

Beim Trocknen soll den saftigen Blütenständen möglichst schnell und schonend Wasser entzogen werden. Das Lufttrocknen ist eine kostengünstige und einfache Konservierungsmethode. Die Blütenstände werden dazu an einem trockenen Tag geschnitten. Sie sollten zur Erntezeit „knospig“ sein, das heißt, die besten Ergebnisse lassen sich erzielen, wenn die Blüten kurz vor dem Aufblühen sind. Die Blütenstiele werden in geringer Stückzahl gebündelt und mit den Blüten kopfüber an einem luftigen Platz zum Trocknen aufgehängt. Zum Binden eignen sich vorzugsweise Gummibänder. Die Blütenstängel schwinden beim Trocknen. Bei Bindungen mit Schnur oder Bast lösen sich die Stängel und fallen eventuell durch. Der elastische Gummi hält sie weiterhin fest zusammen. Die Schnittrosen trocknen schneller, wenn die Laubblätter teilweise entfernt werden. Damit die Blüten nicht ausbleichen und nicht zerbröseln, ist eine Trocknung bei direktem Sonnenlicht zu vermeiden. An einem schattigen Platz bleiben die natürlichen Blütenfarben weitgehend erhalten. Eine gute

In Siliziumdioxid einschichten

Durchlüftung verhindert die Schimmelbildung. Im Trockenraum, etwa in einem luftigen Gartenschuppen oder im Keller, können die getrockneten Rosenbündel bis zur Verwendung bleiben. Zur Lagerung bieten sich auch Pappkartons an, die in einem trockenen Raum aufbewahrt werden. Bei Bedarf lassen sie sich dann mit oder ohne Beiwerk, wie Gräsern, Farnwedeln oder anderen Blüten, für Gestecke, Kränze oder Trockensträuße nutzen.

Trocknen mit Granulat

Im Fachhandel sind chemische Produkte erhältlich, die eine wasserentziehende Wirkung haben. Diese hygroskopischen Granulate eignen sich auch zum Trocknen von Blüten. Es handelt sich um Siliziumdioxid. Das Granulat ist in verschiedenen Korngrößen in gut sortierten Gartenmärkten erhältlich oder bei Versorgern von Floristen. Zum Trocknen von Edelrosen ist vorzugsweise ein feinkörniges Granulat zu empfehlen, das sich ohne Beschädigungen der zarten Blütenblätter zwischen die gefüllten Blüten füllen lässt. Zum Konservieren ist ein ausreichend großes, luftdicht verschließbares Gefäß nötig. Vor dem Einlegen der Blütenstängel wird der Boden etwa 1 bis 2 cm dick mit Granulat bedeckt. Darauf kommen in ausreichenden Abständen die Schnittrosen. Jetzt kann das Einfüllen des Granulats erfolgen. Zu beachten ist, dass keine Hohlräume zwischen den Blütenblättern bleiben, sonst trocknen die Blüten nicht vollständig aus. Nach dem Präparieren muss das Gefäß luftdicht verschlossen werden, damit das Granulat keine Luftfeuchtigkeit aus der Umgebung aufnehmen kann. Die Trocknung dauert – je nach Fülle der Blüten – einige Tage. Das Ge-

HINWEIS
Methoden ausprobieren

Vor der Konservierung einer großen Menge an Rosenblüten lohnt es sich, zunächst mit einzelnen Blütenständen verschiedene Methoden auszuprobieren. Die Ergebnisse sehen unterschiedlich aus. Dementsprechend können dann mit einer erfolgreichen Konservierungsart den Sommer hindurch ständig frische Rosenblüten für Trockensträuße, Gestecke oder Kränze haltbar gemacht werden.

fäß sollte besser länger geschlossen bleiben, zumal sich die Blüten nach dem Wasserentzug nicht mehr verändern. Sie behalten auch nach dem Herauslösen aus dem Granulat und dem Ausschütteln der Körner zwischen den Blütenblättern ihre natürliche Form und Farbe. Das Granulat regeneriert sich wieder, wenn es im Backofen auf 200 °C erhitzt wird. Sobald die Farbe von Rosa in Blau umschlägt, ist es wieder einsatzbereit.

Gefriertrocknung

Bei mildem Wetter blühen noch im Winter vereinzelte Edelrosen auf. Wenn sie von strengem Frost überrascht werden, trocknen sie aus und behalten ihre Form und Farbe. Diese natürliche Gefriertrocknung lässt sich auch künstlich im Gefrierschrank praktizieren. Wie der Frost im Freien entzieht den Blüten auch die Kälte im Kühlschrank das Wasser.

„Konservierung" durch Veredeln

Rosensträuße dienen oft als Geschenke oder Mitbringsel bei vielen Gelegenheiten. Manchmal sind außergewöhnlich schöne Sorten dabei. Wenn sich diese Sorten bestimmen lassen – etwa durch Auskunft von der Gärtnerei, aus der sie stammen – können lebende Pflanzen davon für den Garten besorgt werden. Adressen von Rosenzüchtern, die Pflanzen versenden, sind im Internet zu finden. Wenn der Rosenstrauß aus unbekannten Sorten besteht, ist eventuell eine „Konservierung" durch Veredelung möglich. Dazu müssen die Schnittrosen aber frisch sein. Rosen werden im Sommer durch Okulation veredelt. Dazu dienen „Augen" (Knospen), die vom Stängel geschnitten werden. Solche Edelaugen sitzen auch bei den Schnittrosen jeweils in einer Blattachsel. Sie lassen sich gleichermaßen wie bei Freilandrosen zum Veredeln nutzen. Als Veredelungspart-

Strauss mit getrockneten Rosen

ner eignen sich Wildrosen-Sämlinge, die z. B. im Garten wachsen oder in einer Baumschulen zu bekommen sind. Eine günstige Zeit zum Okulieren ist etwa von Ende Mai bis zum August.

Rosenblüten destillieren

Rosenblüten werden auch industriell konserviert. Jedoch bleiben dabei nicht die ganzen Blüten erhalten, sondern die wertvollen Inhaltsstoffe in Form von Rosenöl, Rosenwasser und anderen Essenzen. Für die Herstellung solcher Produkte ist ein Destillierapparat nötig. Vorzugsweise dienen dazu die Blüten von aromareichen Sorten.

Gefriergetrocknete Rosenblüte

Getrocknete Rosenblüten für Duftschalen

Vertrocknete Rosen

Die Trocknung von Schnittrosen geschieht manchmal auch ohne zutun von selbst oder gerade weil nichts getan wird. Rosen in der Blumenvase, die kein Wasser erhalten, trocknen zwangsläufig aus. Bei günstigen Bedingungen, wie warmem, trockenem Wetter und luftigem Stand sehen solche Rosensträuße genauso aus wie absichtlich präparierte Trockenblumen.

Rosen im Juli

Bodendeckerrosen als Hochstämmchen

Der Juli ist in den Rosenschulen ein wichtiger Termin. Jetzt kommen alle vorbereiteten Wildrosen sozusagen unters Messer. Und zwar bekommen sie Edelaugen eingepflanzt. Dazu schneiden die Gärtner die Rinde T-förmig an und setzen jeweils eine Knospe von einer bestimmten Edelsorte ein. Auf diese Weise werden sowohl Edelrosen-Büsche, als auch Hochstammrosen gezogen. Als Unterlagen für diese dienen Wildrosen-Typen, die kräftige gerade Stämmchen bilden. Sobald sie eine gewisse Höhe und Stärke erreicht haben, werden ihnen Knospen von ausgewählten Rosen-Sorten eingesetzt. Das können etwa Edelrosen-Züchtungen sein, wenn buschige Kronen gewünscht werden oder auch Kletterrosen-Sorten, wenn sich überhängende Trauerrosen entwickeln sollen. Ebenso gut lassen sich Bodendeckerrosen auf Stämmchen veredeln. Sie bilden besonders buschige Kronen mit leicht überhängendem Wuchs. Eine bewährte Sorte auch für Stämmchen ist die bekannte dauerblühende ‚Fairy'.

Fairy als Stämmchen

Jetzt Kräuter neben Rosen pflanzen

Lavendel, Salbei, Katzenminze und andere ausdauernde Kräuter sind vorzügliche Rosenpartner. Sie füllen die Lücken und bedecken den Boden, ohne die Rosen zu stören. Das erspart natürlich die Bodenbearbeitung und das lästige Jäten, sobald sie sich üppig entwickelt haben. Im Sommer bringen die Kräuter zudem dekorative Blüten hervor, die gut mit dem Flor der Rosen harmonieren. Im Pflanzenreich „beißen sich" ja selbst blaue und rote Farben nicht. Jungpflanzen dieser und anderer Kräuter sind in Töpfen zu bekommen und können jederzeit, also auch im Hochsommer gepflanzt werden.

Nepeta x faassenii mit Rosa Westerland

Rosa, Geranium himalayense

Rosenbogen

Kletterrosen sind sogenannte Spreizklimmer. Sie entwickeln keine Haftorgane oder Schlingen, sondern spreizen sich mit stacheligen Trieben in der Kletterhilfe ein. Rosenbögen sind dazu gut geeignet, denn die Sprossen geben festen Halt. Dabei ist es unwichtig, ob der Bogen aus Metall, Holz oder Kunststoff besteht. Wichtig ist allerdings, dass er stabil genug gebaut ist, denn alte Kletterrosen können schon ein enormes Gewicht aufladen. Auf jeden Fall muss ein Rosenbogen sicher gründen und beiderseits Punktfundamente haben. Dazu eignen sich auch handelsübliche Einschlagbodenhülsen für Zaunpfosten oder Pergolen. Das Gerüst kann ebenfalls vom Handel bezogen werden – es gibt Bausätze für Rosenbögen. Natürlich sind eigene Konstruktionen etwa aus Baustahl oder kesseldruckimprägnierten Holzlatten genauso gut geeignet. Damit sich bald ein üppiger Rosenkranz entwickelt, wird der Bogen beidseitig bepflanzt. Das kann mit zwei verschiedenen Sorten geschehen.

Rosa, Kletterrosen, Rosenbogen

Rosenbogen aus Baustahl bauen

Zum Bauen eines leichten, aber doch tragfähigen Rosenbogens eignet sich ein Stück von einer gewöhnlichen Baustahlmatte, das passend zugeschnitten und nach der Verzinkung oder einem rostsicheren Anstrich auf Punktfundamente aus Beton gestellt wird. Die starren Stahlmatten sind in Baustoffhandlungen erhältlich. Sie bestehen aus Stahlstangen, die zu Gittern zusammengeschweißt sind. Die Matten haben Normgrößen (z. B. 215 m x 500 m oder andere). Sie sind mit einem Bolzenschneider in beliebig große Stücke zerteilbar. Das Maß für den gewünschten Rosenbogen sollten also zuhause schon berechnet und notiert werden. Dann ist bei der Beschaffung im Baustoffhandel der Zuschnitt auf die passende Größe möglich. Nach dem Abtrennen der Metallstäbe mit dem Bolzenschneider ist es nötig, die Schnittstellen zu entgraten. Der Transport der Baustahlmatte ist am besten mit einem PKW- Anhänger zu bewerkstelligen. Im Garten lässt sich das Metallgitter dann entsprechend rund biegen und zurichten. Ein besonders stabiler Rosenbogen entsteht, wenn zusätzliche Verstrebungen aus Baustahlstangen festgeschweißt werden. Nach der Pflanzung bringen die Kletterrosen schon im Sommer einige Blüten hervor. Der Rosenbogen entwickelt sich dann von Jahr zu Jahr zunehmend üppiger.

Rosenbogen aus Baustahl

Kletterrose auf Rosenbogen

Preise

Eine Baustahlmatte in der Größe von 215 x 500 qm kostet ca. 35 Euro.

Rosenmonat auch auf Balkons und Terrassen

Die einfachste und bequemste Art der Balkonbegrünung ist die Bepflanzung von unten, also vom Boden aus. Sie ist mit Hilfe von Kletterpflanzen möglich, die in Balkonnähe ans Haus gepflanzt und mit der Zeit nach oben gelenkt werden. Dazu eignen sich Weinreben, Blauregen und andere Kletterer oder auch starkwüchsige Kletterrosen. Eine vitale und gesunde Art ist beispielsweise die Sorte ‚Sympathie', die selbst hohe Hauswände überwindet. Genau genommen winden Kletterrosen nicht, sondern sie spreizen sich an Spalieren oder was sie sonst ergreifen können ein. Oben spreizen sich die Triebe dann von selbst im Geländer ein. Noch üppiger und bunter gestalten natürlich zwei oder mehrere verschiedene Sorten den Balkon.

Rankhilfen für Rosen

Als typische Spreizklimmer halten sich Kletterrosen nicht mit speziellen Haftorganen an der Kletterhilfe fest, sondern bleiben mit ihren stacheligen Trieben zwischen den Streben hängen. Sie können also keine Wände erklimmen oder nur mit Hilfe von entsprechenden Spalieren. Dazu bieten sich sperrige Gerüste aus Holz oder Metall an, die den langen Rosentrieben den nötigen Halt geben. Die Triebe verholzen mit den Jahren und werden selbst stabil. Industriebaustoffe, die es in großen Mengen preiswert zu kaufen gibt, lassen sich sehr gut für Eigenkonstruktionen nutzen. So können gewöhnliche Baustahlmatten, die normalerweise zur Bewehrung von Betondecken dienen, auch für den Bau von Spalieren, Sichtschutzzäunen oder Rankgerüsten genutzt werden. Die starren Stahlmatten sind in Baustoffhandlungen erhält-

Kletterrose Sympathie, am Spalier

Kletterrose Sympathie, am Spalier

lich. Sie bestehen aus Stahlstangen, die zu Gittern zusammengeschweißt sind. Die Matten haben Normgrößen (z. B. 215 m x 500 m oder andere). Sie sind mit einem Bolzenschneider in beliebig große Stücke zerteilbar. Die Maße für die gewünschten Spaliere sollten also zuhause schon berechnet und notiert werden. Dann ist bei der Beschaffung im Baustoffhandel der Zuschnitt auf passende Teile machbar. Für Rosenspaliere genügen schmale Streifen mit ca. 1 m Breite und einer Höhe von 3-5 m – je nachdem, ob sie zur Begrünung von starkwüchsigen Climberrosen dienen oder nur schwachwachsende Ramblerrosen tragen müssen. Climber wie etwa die ‚Sympathie' erreichen mit den Jahren eine Höhe von zwei bis drei Stockwerken. Sie brauchen entsprechend hohe und belastbare Kletterhilfen. Natürlich sind auch andere Erziehungsformen machbar. So breiten sich kräftige Kletterrosen auch flächig an einer freien Wand aus, wenn sie ein passendes Spalier haben. Dazu können ganze Baustahlmatten dienen. Die Baustahlmatten bieten gute Wachstumsbedingungen. Sie lassen sich in geringem Abstand an der Wand fest dübeln, so dass die Rosen luftig stehen. Obwohl sie optisch recht leicht wirken, sind die stabilen Stahlgewebe sehr tragfähig. Ein Zinkmantel macht die Spaliere wetterfest. Dieser silbrige Rostschutz ist in einer Verzinkerei möglich. Die Kosten dafür halten sich in Grenzen, zumal sich die Preise nach dem Gewicht richten (ca. 20,– Euro pro 10 kg). Genaue Angaben sind per Telefon zu bekommen. Adressen finden Sie im Branchentelefonbuch. Das Befestigungsmaterial für die Spaliere ist in speziellen Metallwarenhandlungen oder gelegentlich in Baumärkten zu bekommen. Allerdings benötigen die Kletterhilfen ausreichend stabile Halterungen. Ideal sind Ringschrauben, die es in verschiedenen Größen mit den dazu passenden Dübeln gibt. Nach dem Abtrennen der Metallstäbe mit dem Bolzenschneider ist es nötig, die Schnittstellen zu entgraten. Der Transport der Baustahlmatten ist am besten mit einem PKW-Anhänger zu bewerkstelligen.

Rosenblüten schneiden schadet nicht

Rosen lassen sich den Sommer hindurch ohne Schaden für die Sträucher schneiden. Ein maßvoller Blütenschnitt fördert sogar den Austrieb neuer Blüten und einen buschigen Wuchs, zumal er die Sträucher zur Verzweigung anregt. Die Blüten müssten ohnehin entfernt werden, wenn sie verwelken.

Kletterrosen am Spalier

Rosen im August

Gehölze, die im Sommer blühen

Im Garten, in dem immer etwas blüht, geben im August neben Blütenstauden wie Sonnenhut, Taglilien und Phlox auch Zwiebelpflanzen (insbesondere Dahlien) und Sommerblumen wie Tagetes, Ringelblumen und Zinnien den Ton an. Zur Blütenfülle tragen zudem Oleander, Engelstrompeten, Pelargonien und andere Balkon- und Kübelpflanzen bei. Besonders wertvoll sind in den Sommermonaten zudem Gehölze, die jetzt noch blühen. Dazu zählen Rosen, Sommerflieder (Buddleia) und Hortensien.

Kletterrosen am Spalier

Blütensträucher von A – Z (Auswahl)			
Art	*Blütezeit*	*Farbe*	*Größe (ca.)*
Buddleia (Sommerflieder)	Juni – September (je nach Sorte)	rot, weiß, blau	2 – 3 m
Caryopteris (Bartblume)	August – Oktober	blau	1 m
Hibiscus syriacus (Eibisch)	Juli – August	weiß, rot, blau	1 – 2 m
Hydrangea (Hortensie)	Juni – August	rot, blau, weiß	1 – 2 m
Perovskia (Blauraute)	August – Oktober	blau	1 m
Potentilla (Fünffingerstrauch)	Mai – Oktober	gelb	1 m
Rosa (Edelrose)	Mai – Oktober	je nach Sorte	0,50 – 1,50 m
Spiraea bumalda (Zwergspierstrauch)	Juli – Okotber	rosa	0,50 – 2 m

Kräuterjauchen ansetzen

Brennnesseln, Rainfarn, Schachtelhalm und andere unverwüstliche Wildkräuter sind kaum oder nur mit Mühe aus dem Garten zu vertreiben, wenn sie einmal Fuß gefasst haben. Dann lohnt es sich, aus der Not eine Tugend zu machen und die Pflanzen zu tolerieren, statt mit Hartnäckigkeit oder gar giftigen Mitteln einen aussichtslosen Kampf zu beginnen. Viele Wildkräuter enthalten wertvolle Wirkstoffe, die sich zum Schutz von Kulturpflanzen nutzen lassen. Sie werden deshalb auch gezielt zur industriellen Gewinnung dieser Stoffe angebaut. So ist etwa Ackerschachtelhalmbrühe ein altbewährtes Stärkungsmittel für Jungpflanzen, zumal dieses Urgewächs reichlich Kieselsäure enthält. Besonders die Spätsommerwedel sind wertvoll. Daraus lässt sich eine stärkende Brühe machen. Dazu kommen etwa 500 Gramm für ungefähr 12 Stunden in 5 Liter Wasser. Nach kurzem Aufkochen kann die abgesiebte und erkaltete Brühe im Verhältnis 1 : 5 verdünnt (1 Liter Brühe auf 5 Liter Wasser) als vorbeugendes Spritzmittel gegen Pilzinfektionen verwendet werden. Ebenso enthalten Brennnesseln, Beinwell, Wermut und andere krautige Pflanzen wertvolle Wirkstoffe. So sind in Brennnesseln nachweislich Eisen,

Kieselsäure, Kalium, Calcium und weitere Mineralien und Spurenelementen eingelagert, die nach der Vergärung aus den Blättern gelöst werden und den Gartenpflanzen beim Gießen und Besprühen zugute kommen. Die Wirkstoffe sind natürlich nur in geringen Mengen vorhanden, so dass sich meistens keine schnellen Erfolge abzeichnen. Wie alle Naturheilmethoden ist auch die Anwendung von Kräuterjauchen eine Langzeittherapie. Sie sollte in Kombination mit anderen Methoden wie dem Anbau in Mischkulturen, der Bodenverbesserung mit Kompost oder der Wahl günstiger Standorte und dergleichen geschehen. Biologische Pflanzenschutzmittel, die in diesem Jahr nicht verbraucht werden, sind auch in der nächsten Saison noch wirksam. Die Aufbewahrung ist in leeren Kunststoffbehältern möglich.

Kräuterjauche ansetzen, Brennnesseln mähen

Kräuterjauche ansetzen, mit Brennnesseln

Kräuterjauche ansetzen, aufgießen

Gärung

Pflanzenjauche

Rosen im September

Fruchtreife Hagebutten

Pflanzschnitt bei wurzelnackten Rosen ist wichtig

Während Gehölze in Töpfen, sogenannte Containerpflanzen, ungehindert anwachsen, zumal das Wurzelwerk unbeschädigt bleibt, haben ballenlose Pflanzen Schwierigkeiten. Beim Roden mit dem Spaten oder dem Unterschneidepflug geht ein Teil der wichtigen Wurzeln verloren. Sie brauchen nach der Pflanzung einige Zeit bis sie neue Wurzeln bilden. Ein kräftiger Pflanzschnitt erleichtert ihnen das Anwachsen wesentlich. Das gilt insbesondere für wurzelnackte Edelrosen, die im Herbst oder Frühjahr gepflanzt werden. Dazu sind die Triebe etwa um die Hälfte zurückzuschneiden. Am Wurzelwerk sind nur beschädigte Teile zu entfernen und lange Wurzeln zu kürzen.

Rosen pflanzen, Veredelungsstelle

Rosen richtig pflanzen

Edelrosen sitzen auf wilden Unterlagen, das heißt, die edlen Rosentriebe werden auf Wildrosen veredelt bzw. jeweils eine Knospe davon. Dies ist beim Kauf der Jungpflanzen deutlich an einer dicken Veredelungsstelle am Wurzelhals erkennbar. Beim Rosen-Pflanzen ist darauf zu achten, dass diese Veredelungsstelle etwa 5 cm tief in den Boden kommt, damit sie frostsicher sitzt. Danach wird jeder Strauch noch mit Kompost oder verrottetem Mist angehäufelt. Das schützt zusätzlich vor Frost und verbessert den Boden. Grundsätzlich pflanzt man Edelrosen nur an vollsonnige Plätze. Der Boden muss tiefgründig, locker und nährstoffreich sein. An ungünstige Plätze, die etwa im Schatten oder auf schwerem Boden liegen, lohnt es sich nicht, Edelrosen zu pflanzen. Dort kränkeln sie und verkümmern.

Rosen pflanzen

Knoblauch beipflanzen

Wo er einmal Fuß gefasst hat, bleibt der Knoblauch jahrelang bestehen. Dieses Zwiebelgewächs ist völlig frosthart und bleibt auch im Winter grün. Den Sommer über stören die langen Schlotten kaum. Sie bilden auch in Kübeln dichte Bestände, die sich als Beiwerk für andere dekorative Gewächse eignen. So lässt sich der Knoblauch beispielweise solo in Töpfen kultivieren oder gemeinsam mit Rosen, Lavendel oder Salbei einsetzen. Natürlich ist ebenso eine Kombination mit einjährigen Nutzpflanzen wie Salaten, Tomaten oder Küchenkräutern möglich. Auch in Kübeln und Kästen trägt die wertvolle Heilpflanze zur Abwehr von Schädlingen bei. Pflanzzeit ist im Frühjahr oder im Herbst.

Rosen pflanzen

Gehölzsamen sofort nach der Ernte säen

Die meisten Bäume und Sträucher entwickeln jetzt im Spätsommer und Herbst eine Menge Früchte, um sich zu vermehren. Diese Früchte lassen sich natürlich auch gezielt zur Vermehrung nutzen. Sie keimen am besten, wenn sie artgerecht – also wie in der Natur – unverzüglich nach der Reife gesät werden. Dazu dienen Töpfe mit Einheitserde, die dann an einen geschützten Ort ins Freie kommen (z. B. in ein Frühbeet). Manche Arten keimen noch im selben Jahr (z. B. Ahorn-Arten), andere lassen sich bis zum nächsten Frühjahr Zeit (z. B. Eichen), wieder andere brauchen sogar zwei Jahre bis zur Keimung (Wildrosen). Durch die Aussaat kann man eine Menge Jungpflanzen etwa für Hecken oder auch einige Exemplare für freie Plätze gewinnen. Saatgut gibt es jetzt überall in Massen.

Pflanzschnitt

Rosen im Oktober

Rosa, The Fairy

Dauerblühende Rosen

Die Hauptblütezeit der Rosen ist im Juni. Durch Züchtung sind jedoch eine Menge remontierender Sorten entstanden, die den ganzen Sommer hindurch unermüdlich neue Blüten entfalten. Besonders üppig und lange blühen Bodendecker-Rosen der Sorte ‚The Fairy' oder Sorten, die von ihr abstammen, so etwa ‚Fairy Dance', ‚Fairyland', ‚Immensee' u. a. Wenn sie der Frost nicht dahinrafft, blühen sie bis weit in den Oktober hinein.

Kletterpflanzen kombinieren

Zu zweit wirken Kletterpflanzen doppelt, und zwar sowohl optisch als auch praktisch. Beispielsweise bringen Kletterrosen im Sommer Blüten und Blätter hervor, während der Efeu als Partner besonders im Winterhalbjahr zur Wirkung kommt. Der Efeu dient zudem als Kletterhilfe für andere Arten, die keine Haftwurzeln bilden. Ein schönes Pärchen stellen auch Efeu und Selbstklimmerwein dar. Besonders jetzt im

Rosen anhäufeln

Herbst ist das Farbenspiel der dunkelgrünen und leuchtendroten Blätter eine Schau. Natürlich sind auch andere Kombinationen möglich. Die Pflanzung richtet sich nach der vorhandenen Fläche, die zur Begrünung zur Verfügung steht. Mauern oder Zäune bieten dazu reichlich Raum

Rosen im Herbst nicht stutzen, sondern nur ausputzen

Der Schnitt-Termin für Rosen ist grundsätzlich im Frühjahr, wenn die Frostschäden erkennbar sind und bevor die Sträucher zu treiben beginnen. Im Herbst sollte man sie falls nötig nur ausputzen, wobei die welken Blüten und kranken Pflanzenteile entfernt werden. Ein Rückschnitt ins Holz ist nicht ratsam, denn er schwächt die Pflanzen und macht sie frostanfällig!

Rosen anhäufeln

Edelrosen werden auf Sämlinge der Hundsrose (Rosa canina) veredelt. Diese sogenannten Wurzelunterlagen verbessern die Wuchskraft und wirken sich günstig auf die Frosthärte der Rosenbüsche aus. Wurzelechte Edelrosen, die nicht durch Veredelung vermehrt, sondern durch Stecklinge gezogen werden, wachsen weniger kräftig und sind frostgefährdeter als veredelte Pflanzen. Allerdings muss die Veredelungsstelle tief genug im Boden sitzen. Schon beim Pflanzen kommt die deutliche Verdickung am Wurzelhals etwa 5 cm tief unter die Erdoberfläche. Zudem ist es im Herbst nötig, die Edelrosen mit lockerer Erde anzuhäufeln, damit auch die Triebbasis frostgeschützt den Winter übersteht. Das Anhäufeln ist übrigens auch bei wurzelechten Pflanzen empfehlenswert. Zudem lohnt sich das Bedecken der Rosenbüsche mit Reisig (z. B. Zweige von Fichten oder Kiefern). Das trägt zum Frostschutz bei und verhindert im Spätwinter einen vorzeitigen Austrieb.

Rosen mit Kompost oder Mist versorgen

Edelrosen brauchen tiefgründigen, nährstoffreichen Boden, damit sie gesund und blühfähig bleiben. Dabei kommt ihnen das Anhäufeln mit Mist oder Kompost im Herbst sehr zugute. Es schützt vor Frost und versorgt den Boden zugleich mit Humus und Dünger. Allerdings darf der Mist nicht frisch gegeben werden, sondern erst wenn er gut verrottet und zum Teil schon vererdet ist. Auch bei der Rosenpflanzung ist Kompost oder verrotteter Mist ein ideales Bodenverbesserungsmittel.

Rosen unter Glas überwintern

Rosen lassen sich recht gut als Kübelpflanzen kultivieren. Als solche sind sie jedoch stärker frostgefährdet als bodenständige Pflanzen. Sie müssen deshalb entsprechend überwintert werden. Als Quartier eignet sich ein unbeheiztes Glashaus, zumal es strenge Kälte lindert. Die Temperaturen sollten auch an sonnigen Wintertagen nicht über ca. 10 °C steigen, damit die Rosen nicht vorzeitig zu treiben beginnen. Neben den sommergrünen heimischen Arten oder Züchtungen gibt es auch immergrüne Arten, so etwa Rosa banksiae oder Rosa bracteata aus China, die ohnehin keinen Frost vertragen und nur in einem hellen, kühlen Raum gut durch den Winter kommen.

Rosen trocknen für die Vase

Bevor der Frost die letzten Rosenblüten welkt, sollte man einige davon frisch für die Vase schneiden oder für Trockensträuße. Rosen lassen sich genauso wie viele andere Blumen und Kräuter trocknen. Am einfachsten geschieht dies im Heizungskeller oder in einem trockenen Raum, wo sie gebündelt kopfüber aufgehängt werden. Die Blüten behalten ihre Farbe und eignen sich z. B. kombiniert mit Gräsern und anderen Trockenblumen für gemischte Trockensträuße.

Welke Blüten ausschneiden

Luftgetrocknete Rosen

Rosen im November

Winterschutz für Rosen

Anders als Wildrosen, die selbst strenge Winter schutzlos ohne Schaden überstehen, brauchen Edelrosen eine lindernde Decke. Die kann je nach Art unterschiedlich sein. So kommen alle Beetrosen (T-Hybriden, Floribundarosen, Polyantharosen) am besten unter einer Schicht lockerer Erde durch die kalte Jahreszeit. Und zwar werden sie vorzugsweise mit Kompost angehäufelt. Der dient dann im Frühjahr nach dem Abhäufeln gleich zur Düngung und Humusversorgung. Zudem bekommen sie eine schattige Auflage aus Fichtenreisig. Das lindert den Frost und verhindert im Spätwinter zugleich den vorzeitigen Austrieb an sonnigen Tagen. Grundsätzlich ist es bei allen Edelrosen nötig, dass die Veredelungsstelle etwa 5 cm tief unter der Erdoberfläche sitzt. Das ist natürlich schon bei der Pflanzung zu beachten. Sie ist deutlich an einer Verdickung zu erkennen. Und zwar werden die gewünschten Sorten jeweils im Sommer auf vorbereitete Unterlagen okuliert. Dazu dienen normalerweise Jungpflanzen der Hundsrose (Rosa canina). Sie bewirken einen gesunden, kräftigen Wuchs und geben eine gewisse Frosthärte. Diese unterscheidet sich aber je nach Sorte und Typ. So sind Beetrosen gewöhn-

Hochstammrosen mit Frostschutz

lich weniger frosthart als veredelte Strauch- und Kletterrosen. In einem strengen Winter bleiben aber selbst die nicht verschont. Vorbeugend sollten also auch Kletterrosen, Strauchrosen, sowie besonders Rosenstämmchen nicht vernachlässigt werden. Der Frostschutz lässt sich mittels Fichtenreisig oder Strohmatten bewerkstelligen, zumal bei diesen üppigen Büschen das Anhäufeln wenig bringt. Stämmchen werden vorzugsweise in luftiges Material eingepackt. Dazu kann ebenfalls Fichtenreisig oder Faservlies dienen. Ungeeignet sind luftdichte Kunststofffolien. Sie erzeugen ein Treibhausklima und bewirken einen zu frühen Austrieb. Besonders an exponierten Stellen oder in rauen Regionen lohnt sich das Einwintern auf jeden Fall. Immerhin kann sonst ein strenger Winter den ganzen Bestand oder schöne Einzelexemplare vernichten. Es sollte aber nicht zu früh geschehen. Erst wenn längere Frostperioden angekündigt sind, kommen die Büsche unter die Haube. Der Schnitt ist übrigens erst im Spätwinter fällig. Im Herbst werden Rosen nur ausgeputzt.

Kältebrücken vermeiden

Spaliere und Rosenbögen aus Stahl leiten die Kälte. Bei Dauerfrost wirkt sich diese Eigenschaft schädlich auf die Kletterpflanzen aus. Anders als bei Holzspalieren sollten insbesondere empfindliche Arten, wie Kletterrosen oder Weinreben, keinen direkten Kontakt zu den Metallteilen der Spaliere haben. Kältebrücken lassen sich beispielsweise durch puffernde Knoten mit Kokostrick oder Jute verhindern. Kletterer,

Rosa canina

Rosa rugosa

die bereits fest in die Kletterhilfe eingewachsen sind, sollten einen flächigen Frostschutz mit Strohmatten, Fichtenreisig oder anderen luftigen Materialien erhalten.

Hagebutten vertragen Frost

Die Früchte der Wildrosen bleiben oft den ganzen Winter hindurch an den Sträuchern, bevor sie endlich von den Vögeln verzehrt werden. In dieser Zeit kann man sie jederzeit ernten. Der Frost hält sie frisch und macht die Schalen weich und teigig. Danach lassen sich die Hagebutten leichter öffnen und entkernen. Das Mark wird nach dem Erhitzen durch ein Sieb pürriert. Neben der Hundsrose (Rosa canina) tragen auch Kartoffelrosen (R. rugosa), Apfelrosen (R. villosa), Weinrosen (R. rubiginosa), Hechtrosen (R. glauca) und andere Wildrosen essbare Früchte.

Kartoffelrose (Rosa rugosa)

Hagebutten kennt jedes Kind, nicht nur wegen der juckenden Samen, die zum Scherz gerne in den Nacken gestreut werden, sondern auch in Form einer süßen Marmelade. Dass auch die großfrüchtigen Hagebutten der Kartoffelrose essbar sind, ist weniger bekannt. Dabei lohnt es sich, gerade diese dicken runden Rosenfrüchte zu ernten, weil sie besonders ergiebig sind und genauso reich an Vitamin C, wie die kleinen Hagebutten der Hundsrose (Rosa canina). Anders als die heimische Hundsrose stammt die Kartof-

Rosa canina

felrose aus Ostasien. Sie wurde vor allem wegen ihrer Vitalität in Europa angesiedelt, unter anderem auch wegen ihrer Salzverträglichkeit an Straßenrändern. Durch ihre Toleranz lässt sich dieser niedrige Strauch auch im Heidegarten ansiedeln. Mit Kartoffeln hat diese Wildrose wenig gemeinsam. Vielleicht bekam sie den Namen wegen der Fruchtform. Die runden Früchte entwickeln sich aus großen rosafarbenen Blüten, die sich unermüdlich vom Mai bis zum Oktober öffnen. Häufig blühen und fruchten die etwa 1 m hohen Sträucher zur gleichen Zeit. Es gibt übrigens auch weißblühende Züchtungen wie z. B. die Sorte R. rugosa ‚Alba'. Wer diese Rosen im Garten ansiedeln möchte, braucht viel Platz oder ein eingefasstes Beet, denn Kartoffelrosen sind Wucherer. Ideal sind sie etwa zur Begrünung eines sonnigen Südhanges oder einer anderen unnützen Gartenfläche geeignet, wo sie verwildern können. Eine besondere Pflege brauchen die Sträucher übrigens nicht, zumal sie recht frosthart sind und sich gut aus dem Wurzelstock verjüngen. Besonders auf feuchtem humosem Boden breiten sie sich stark durch Wurzelausläufer aus. Kalk und Trockenheit vertragen sie schlecht. Wie allen Rosen bekommt auch den Kartoffelrosen ein vollsonniger Platz gut, zumal die Früchte dann gut reifen und reichlich Zucker sammeln. Sie sind roh essbar, jedoch nur das Fruchtfleisch, nicht die Kerne. Das Entkernen ist ziemlich mühsam. Es lohnt sich aber, die Früchte zu passieren und z. B. zu Marmelade zu verarbeiten. Dazu werden die reifen Früchte nach der Ernte gewaschen und mit wenig Wasser weich gekocht. Dann streicht man sie durch ein Sieb und kocht dieses Mark mit Gelierzucker auf. Wer sich diese Arbeit ersparen möchte, kann auch die Blüten nutzen. Dazu werden etwa 300 g Blütenblätter in wenig Wasser weich gedünstet, dann mit 150 g

Rosa canina

Rosa canina, stratifizieren

Zucker und 150 g Honig sowie etwas Zitronensaft gekocht, bis sich ein dicker Sirup bildet. Dieser wird wie Marmelade in Gläser gefüllt. Ebenfalls ohne Entkernen, jedoch aus reifen Früchten, lässt sich Hagebutten-Tee bereiten. Dazu werden die Früchte getrocknet und zerstoßen oder gemahlen. Bei Bedarf übergießt man sie mit kochendem Wasser. Nach etwa 5 Minuten kann der Tee abgesiebt, gesüßt und getrunken werden. Eine andere Möglichkeit, die reifen Früchte mit den Kernen zu nutzen, ist die Weinherstellung. Dazu werden die reifen Früchte zerstampft und mit kochendem Wasser aufgegossen. Nach dem Abkühlen gibt man Reinzuchthefe dazu und lässt die Maische etwa 2 Tage gären. Danach wird die Flüssigkeit abgezogen und der Rest aus dem Bodensatz ausgepresst. Der ganze Saft kommt nun mit Zucker (etwa 1 kg auf 5 l) in ein Gärgefäß, wo er in Ruhe reift. Nach der Gärung kann der Hagebutten-Wein in Flaschen abgefüllt werden.

100 g reifes Hagebutten-Mark, und zwar auch das der Kartoffelrose, enthält u. a. ca. 50 g Wasser, 20 g Kohlenhydrate, 5 g Eiweiß, 3 g Mineralstoffe, 15 g Zucker, 3 g Pektine und reichlich Vitamin C.

Saatgut stratifizieren

Während die Samen etwa von Gräsern, von Sommerblumen oder von Gemüsen ohne besondere Behandlung in wenigen Tagen zu keimen beginnen, lassen sich hartschalige Sämereien manchmal mehrere Monate Zeit. Sie brauchen eine spezielle Behandlung, die keimungshemmende Stoffe abbaut oder die harten Schalen mürbe macht. Dazu werden sie vom Fruchtfleisch befreit und in feuchten Sand eingeschichtet. Diese sogenannte Stratifikation kann nach der Fruchtreife im Herbst erfolgen. Unter anderem hat sich die Vorbehandlung bei heimischen Gehölzen wie Kirschen, Schlehen, Ebereschen oder Rosen bewährt, die niedrige Temperaturen brauchen. Im Frühjahr werden die vorgekeimten Samen in Töpfe mit Anzuchtsubstrat gesteckt, wo sie – je nach Art – gleichmäßig aufgehen.

Übertöpfe auspolstern

Bei Topfrosen und anderen robusten, aber nicht ganz winterfesten Kübelpflanzen, greift der Frost die Wurzeln an und verursacht oft tödliche Schäden. Jungpflanzen in kleinen Gefäßen, die leicht ganz durchfrieren, sind natürlich besonders gefährdet. Dennoch können solche Pflanzen draußen bleiben, zumal sie eine kühle Winterruhe brauchen und den Aufenthalt im beheizten Haus nicht vertragen. Sie werden entweder an einem geschützten Ort zusammengestellt und mit luftigem Material eingepackt oder einzeln in große Übertöpfe gesetzt und ausgepolstert. Als Dämmmaterial eignet sich beispielsweise Styroporabfall, Acrylfaservlies oder Blähtongranulat. Letzteres kann im Frühjahr gleich für die Susbtratmischung zum Umtopfen verwendet werden.

Topfröschen kühl stellen

Die Kussröschen, die als Topfpflanzen angeboten werden, sind eigentlich Freilandgehölze. Sie lassen sich durchaus im Zimmer halten, wenn sie im Sommer einen vollsonnigen, luftigen Platz bekommen. Wie andere Rosen sollten sie im Winter aber eine Ruhezeit in einem kühlen Raum durchmachen. Dann treiben sie im Frühjahr wieder frisch und kräftig aus.

Rosa canina

Rosen im Dezember

Dekorativer Frostschutz

Rosenstämmchen, Sommerflieder, junge Magnolien und andere nicht ganz winterharte Gartenpflanzen sind in rauen Regionen frostgefährdet. Obwohl die Winter in den letzten Jahren verhältnismäßig mild waren und sich die Frostschäden gering auswirkten, darf das Risiko nicht unterschätzt werden. Eine strenge Kälteperiode kann die empfindlichen Pflanzen vernichten oder erheblich schädigen. Dagegen helfen Schutzvorrichtungen, die zugleich zur Gestaltung beitragen. So lassen sich Rosenstämmchen mit Jutetüchern zu Kugelbäumchen umgestalten. Auch Ziergräser nehmen nach dem Zusammenbinden figürliche Formen an. Echte Zypressen bleiben unter einem Strohmattenmantel vor strengen Frösten verschont. Die zylindrischen Gestalten sehen zudem dekorativ aus. Zu beachten ist, dass der Frostschutz zwar wind- und frostabweisend ist, aber wasser- und luftdurchlässig bleibt. Vorzugsweise sollten zum Einpacken Naturmaterialien dienen oder Kunststofffaservliese.

Dekorativer Frostschutz

Sonderthema: Rosenstämmchen ziehen

Hochstammrosen passen besonders gut in den Vorgarten, in Blumenrabatten oder in Kübel auf die Terrasse. Die Minibäumchen stören nicht und blühen üppig. Rosenstämmchen sind im Prinzip Edelrosen „auf Stelzen". Denn jede beliebige Edelrose lässt sich als Stämmchen ziehen. Meistens sind es besonders schöne und robuste Sorten, die sich auch als Beetrosen beziehungsweise als Büsche bewährt haben. Genauso wie diese müssen sie veredelt werden; allerdings nicht in Bodennähe, sondern etwa in 90 cm Höhe auf vorbereitete Veredelungs-Unterlagen. Dazu dienen ebenso wie bei Büschen Wildrosen, und zwar in der Regel Hundsrosen (Rosa canina) Marke „Pfänders". Diese bilden besonders kräftige Stämmchen. Ebenso eignen sich aber auch gewöhnliche Hundsrosen, die beispielsweise im Garten aufgegangen sind oder gezielt aus Samen gezogen wurden. Je nach Wuchsform des aufgesetzten Rosen-Typs entwickeln sich breit-buschige Kronen, wenn kräftige Beetrosen – wie etwa die Sorte ‚Queen Elisabeth' – auf die Stämmchen veredelt wurden, oder kleine, kompakte Kugelkronen bei schwachwüchsigen Sorten wie etwa ‚Lilli Marleen' oder auch so genannte Trauerrosen, wenn statt der Busch-Formen Kletterrosen auf die Stämmchen gesetzt wurden, die dann überhängende Kronen bilden.

Zwei Veredelungs-Partner

Wie bei allen Veredelungen sind zwei Partner nötig, und zwar die Unterlage, also die Wildrose, sowie der edle Trieb oder bei der Okulation nur eine Knospe von einem edlen Trieb. Diese Knospe wird im Sommer in die Unterlage eingesetzt. Sie wächst an und entwickelt einen Strauch oder bei der Stammform eine Krone. Die Unterlage, also der untere Teil der veredelten Pflanze, dient also praktisch nur als Träger der Krone oder des Strauchwerks und zur Versorgung mit Wasser und Nährstoffen. Der obere edle Teil trägt allerdings seinerseits zur Nährstoffversorgung bei, zumal die Blätter assimilieren, das heißt, sie wandeln mit Hilfe von Sonnenlicht Luft und Wasser in Stärke um. Natürlich trägt der obere Teil auch Blüten. Und darauf kommt es beim Veredeln ausgewählter Sorten an.

Die Okulation

Die Veredelungstechnik ist bei allen Rosen gleich. Rosen werden grundsätzlich im Sommer okuliert. Dabei setzt man eine Knospe von einem edlen Trieb einer gewünschten Sorte in die Unterlage, also vorzugsweise in eine junge Wildrose (Rosa canina) ein. Diese muss bei der Okulation eines Stämmchens entsprechend vorbereitet sei. Unterlagen für Rosenstämmchen werden bei der professionellen Anzucht für den Verkauf in der Rosenschule oder Baumschule aus Samen gezogen, dann in Reihen gepflanzt und sobald sie ausreichend hoch und kräftig genug sind in der gewünschten Kronenhöhe okuliert. Die Anzucht ist ziemlich langwierig, weil Rosensamen schlecht keimen und oft mehrere Jahre brauchen. Sie müssen durch das

Rosenstämmchen mit Sitzplatz

Einschichten in feuchten Sand zur Keimung angeregt werden („Stratifikation"). Dies geschieht in den Rosenschulen natürlich rechtzeitig vor dem Veredeln, so dass immer vorkultivierte Unterlagen zur Verfügung stehen. Übrigens kann man auch für den Hausgebrauch, das heißt, für eigene Veredelungen Rosensämlinge von einer Baumschule bekommen. Gelegentlich gehen aber auch im Garten Wildrosen auf, die sich zum Veredeln eignen. Nach dem Pflanzen werden die Rosensämlinge „aufgeputzt". Damit sich keine Sträucher bilden, sondern eintriebige Pflanzen für Stämmchen, ist es nötig, alle Seitentriebe zu entfernen. Sobald die Unterlagen in der gewünschten Kronenhöhe etwa bleistiftdick sind, können sie dann okuliert werden. Die Zeit dazu ist etwa von Ende Juli bis Ende August, wenn die Triebe der Edelrosen ausgereift sind. Zum Veredeln der Stämmchen bieten sich beispielsweise alte bewährte Sorten an oder neue Züchtungen. Die Triebe werden unmittelbar vor dem Veredeln geschnitten, entblättert, entdornt und in ein feuchtes Tuch gewickelt. Am Veredelungs-Ort schneidet man nun die Rinde der Unterlage in der gewünschten Kronenhöhe T-förmig ein und klappt die beiden Rindenlappen mit dem Messerrücken oder einem speziellen Rindenlöser auseinander. Sogleich wird von einem Edeltrieb eine Knospe flach abgetrennt und in die vorbereitete Veredelungsstelle eingeschoben. Die Knospe muss tief und fest sitzen, das erhöht die Anwachschancen. Nachdem die Rindenlappen wieder angedrückt sind und die Veredelungsstelle mit einem speziellen Gummiband oder mit einem Wollfaden und Baumwachs verschlossen ist, beginnt das Zusammenwachsen. Sicherheitshalber, und damit sich eine buschige Krone entwickelt, setzt man immer mehrere Knospen in jedes Stämmchen ein. Nach etwa 4-6 Wochen zeigt es sich, ob die Veredelungen angewachsen sind. Wenn die Knospen schwellen, haben sie sich mit der Unterlage verbunden. Wenn sie aber schwarz werden, sind sie leider misslungen. Dann kann eventuell noch nachveredelt werden oder man wartet bis zum nächsten Sommer. Gelungene Veredelungen brauchen im Winter einen Schutz. Dazu packt man sie in Reisig oder anderes dämmendes, aber luftiges Material ein. Stämmchen die in Töpfe gepflanzt und veredelt wurden, kommen in einem kühlen und frostfreien Quartier gut durch den Winter.

Pflege der jungen Veredelungen

Im Frühjahr entfernt man den Winterschutz. Topfrosen kommen etwa im März/April ins Freie. Jetzt gilt es, aus den unverzweigten Stämmchen üppige Kronenbäumchen zu ziehen. Dazu brauchen sie Dünger, am besten Kompost oder verrotteten Stallmist. Mit den angewachsenen edlen Knospen treiben auch wilde Knospen unterhalb der Veredelungsstelle aus dem Stämmchen aus. Sie stören und sind unverzüglich und immer wieder zu beseitigen, damit die ganze Kraft den edlen Knospen zugute kommt. Die jungen Triebe, die sich aus den edlen Knospen entwickeln, verzweigen sich besser, wenn man sie „entspitzt". Sie werden eingekürzt, dann bringen sie Seitentriebe hervor. Auf diese Art wird die junge edle Krone ständig buschiger. Bereits im Sommer trägt sie die ersten Blüten.

Pflege der Kronenbäumchen

Rosenstämmchen brauchen wie alle Rosen einen sonnigen, luftigen Standort auf gut entwässertem Boden. Staunässe vertragen sie ebenso wenig wie Dauerregen. Bei Nässe erkranken sie leicht an Sternrußtau, Rosenrost und anderen Pilzinfektionen. Spritzungen mit ungefährlichen biologischen Mitteln sind dann unverzichtbar. Günstig gegen Krankheiten und Schädlinge wirkt sich das Beipflanzen von Kräutern aus. Zur Gesunderhaltung ist eine optimale Nährstoffversorgung nötig. Kompost oder Stallmistgaben wirken langsam und ausdauernd und sind besser als schnelllösliche chemische Dünger. Ein luftiger Winterschutz bewahrt vor Frostschäden. Vor allem muss die empfindliche Veredelungsstelle geschützt werden. Bei Buschrosen geschieht dies durch das Anhäufeln von lockerer Erde. Rosenstämmchen können gleichermaßen geschützt werden, indem man jeweils die Krone zu Boden biegt, beispielsweise mit Drahtbügel festhakt und dann anhäufelt. Besser ist es aber, die stehenden Bäumchen z.B. mit Reisig, Stroh oder Vlies einzupacken. Folien sind weniger geeignet, weil sie Fäulnis verursachen können. Bei sehr üppigen Kronenbäumchen empfiehlt es sich, Stützpfähle einzuschlagen, damit sie nicht umknicken. Das kann bereits bei der Pflanzung insbesondere an ungeschützten Plätzen geschehen.

Frühjahrsschnitt

Zur Gesunderhaltung und Formgebung brauchen Hochstammrosen einen regelmäßigen Schnitt. Im Frühjahr nach dem Auswintern werden alle schwachen und dürren Zweige entfernt und die erfrorenen Spitzen ausgeputzt. Bei alten Kronen schneidet man gelegentlich auch einige verholzte und rissige Zweige weg, um die Verjüngung und den Austrieb neuer Zweige zu fördern. Der Schnitt im Frühjahr sollte etwa im März geschehen, wenn die Knospen noch geschlossen sind. Wildtriebe aus der Veredelungs-Unterlage sind grundsätzlich rund ums Jahr zu beseitigen. Wenn sie vernachlässigt werden und wachsen können, haben sie die edle Krone bald überwuchert.

Sommerschnitt

Rosenstämmchen sind wie alle Rosen recht schnittverträglich. Sie lassen sich auch im Sommer schneiden. Insbesondere können langstielige Kronen durch das „Pinzieren“ (Einkürzen, Entspitzen) zu buschigem Wuchs angeregt werden. Sie vertragen es auch ohne Schaden, wenn dabei Blütentriebe – etwa für die Vase – geschnitten werden, und bringen danach wieder neue Blüten hervor. Verwelkte Blüten sind im Übrigen regelmäßig auszuputzen, sonst siedeln sich Schädlinge, vor allem Pilzsporen, an.

Zwei Sorten auf einem Stämmchen

In der Regel werden jeweils zwei Knospen einer Sorte auf ein Stämmchen okuliert. Natürlich kann man aber auch verschiedene Sorten einsetzen; so etwa eine rote und eine weißblühende oder sogar mehrere verschiedener Farben. Die Sorten sollten jedoch ähnliche Wuchseigenschaften haben, damit sie sich ergänzen und gleichmäßige Kronen bilden. Zwergrosen und Strauchrosen passen beispielsweise nicht zusammen.

Wildrosen als Stämmchen

Rosenstämmchen tragen meistens edle Kronen. Wie bei Forsythien, Flieder und anderen Ziergehölzen ist es aber genauso möglich, einen wilden Strauch in ein Bäumchen umzuwandeln. Dazu wird bei einem jungen Rosenstrauch (einer geeigneten Art; z. B. Rosa canina) ein kräftiger Trieb freigestellt, indem man alle anderen Triebe möglichst direkt an der Austriebsstelle entfernt. Der Trieb kräftigt sich und entwickelt sich zu einem Stämmchen. Wenn man ihn dann in einer bestimmten Höhe abschneidet, verzweigt er sich und bildet eine Krone, die zunehmend buschiger wird. Auf diese Art lassen sich verschiedene Wildrosen ohne Veredelung als Bäumchen ziehen. Sie erfordern jedoch ständige Aufsicht und Pflege, weil sie sonst bald wieder zur Sträuchern verwildern. Wild-Arten, die viele Bodentriebe und Wurzelausläufer hervorbringen, wie etwa die Kartoffelrose (R. rugosa), sind ohnehin ungeeignet, weil den wuchernden Wurzelausläufern kaum nachzukommen ist.

Rosenstämmchen im Vorgarten

Impressum

Copyright
Genehmigte Sonderausgabe für Universo
Universo ist ein Imprint des
Karl Müller Verlages – Silag Media AG,
Liebigstr. 1, 40764 Langenfeld